CLAVES *para el* MATRIMONIO

DR. MYLES MUNROE

CLAVES para el MATRIMONIO

WHITAKER HOUSE

A menos que se indique lo contrario, todas las citas bíblicas han sido tomadas de la *Santa Biblia, Versión Reina Valera* © 1960 la Sociedad Bíblica Internacional. Usadas con permiso. Reservados todos los derechos. Aquellas citas bíblicas señaladas (NVI) son tomadas de la *Santa Biblia, Nueva Versión Internacional* © 1999 por la Sociedad Bíblica Internacional. Reservados todos los derechos.

Traducido al español por: Sara Raquel Ramos

CLAVES PARA EL MATRIMONIO

Publicado originalmente en inglés bajo el título *Keys for Marriage*.

ISBN: 978-1-60374-063-0
Impreso en los Estados Unidos de América
© 2009 por el Dr. Myles Munroe

Whitaker House
1030 Hunt Valley Circle
New Kensington, PA 15068
www.whitakerhouse.com

Library of Congress Cataloging-in-Publication Data

Munroe, Myles.
  [Keys for marriage. Spanish]
  Claves para el matrimonio / por Myles Munroe.
     p. cm.
  Summary: "Inspirational quotations on the topic of marriage gleaned from the Bible and Myles Munroe's extensive teachings on the subject"—Provided by publisher.
  ISBN 978-1-60374-063-0 (pbk. : alk. paper) 1. Marriage—Religious aspects—Christianity—Miscellanea. I. Title.
  BV835.M8418 2009
  248.4—dc22   2008041512

1 2 3 4 5 6 7 8 9 10 11 12 **WH** 17 16 15 14 13 12 11 10 09

Introducción

$\mathscr{L}$os hombres y las mujeres tienen diseños diferentes—pero perfectamente complementados. El secreto para un matrimonio exitoso es reconocer, apoyar y beneficiarse de estos propósitos armoniosos. Es ayudar a su cónyuge por medio del amor incondicional, para convertirse en todo lo que Dios creo para que él o ella sean.

Cuando el propósito no es conocido, el abuso es inevitable. No importa cuán serio sea usted en su matrimonio, si no sabe la razón por la cual este existe, lo abusará de alguna manera. *Claves para el Matrimonio* le presenta el plan de Dios para esposos y esposas, y, provee los principios bíblicos que inmediatamente puede poner en práctica en su propio matrimonio. A medida que usted crece para ser la pareja que Dios diseñó que fuera, descubrirá de primera mano la verdad del pasaje: *"Serán una sola carne"* (Génesis 2:24).

—*Dr. Myles Munroe*

*T*odo en la vida tiene un propósito. Entender el inherente propósito dado por Dios para el hombre y la mujer iluminará su conocimiento acerca de su cónyuge.

$\mathcal{S}$i usted compró una cámara sin el entrenamiento apropiado de como usarla—y se deshizo totalmente del manual—sería la persona más insensata al enojarse cuando no la pueda operar. Es igual de insensato tratar de manejar un matrimonio sin haber leído el manual adecuado, la Biblia.

"Por tanto, dejará el hombre a su padre y a su madre, y se unirá a su mujer, y serán una sola carne" (Génesis 2:24). Varones, deben dejar a su madre y a su padre y unirse con la mujer con quien se casó. ¿El resultado? Usted y su esposa se volverán una sola carne.

El matrimonio es cuando dos personas distintas, únicas y completas (un hombre, una mujer) hacen un pacto para intercambiar votos entre sí, comprometiéndose para permanecer juntos hasta la muerte.

$\mathcal{C}$uando usted continuamente coloca las opiniones y puntos de vista de sus padres antes que la de su cónyuge, está plantando semillas de destrucción, y, se comerá el fruto del divorcio.

El límite que Dios ha establecido para la experiencia de una sola carne es la relación del esposo y la esposa. El matrimonio nos permite disfrutar el sexo al máximo. El sexo es una señal física de un acto espiritual—es el entregarse completamente uno al otro, y, uno para el otro.

$\mathcal{D}$ios no inició la raza humana poniendo un padre y un hijo en el jardín del Edén. Él puso a Adán y Eva—esposo y esposa. Eso muestra que la primera relación humana, la familia, es entre esposo y esposa, y, ellos son la clave para cualquier otro tipo de relación.

Entender y vivir en el propósito original de Dios para los hombres y las mujeres es crucial para la correcta relación entre los esposos y las esposas. Si luchamos contra el propósito de Dios, nos hallaremos insatisfechos y frustrados. Él nos hizo de la manera que somos para Sus propósitos y para nuestro beneficio.

$\mathscr{D}$ios creó a los hombres y a las mujeres por igual, y, los creó diferentes. "Diferentes" no quiere decir que uno sea inferior o superior al otro, simplemente quiere decir diferentes. Las diferencias entre los hombres y las mujeres son necesarias debido al propósito individual dado por Dios.

$\mathscr{L}$os hombres y las mujeres no son diferentes debido a la sociedad, al ambiente o a la educación familiar; son diferentes por su diseño. Esposos, esto significa que su esposa es de la manera que es debido al por qué ella es así. De igual manera esposas, su esposo es de la manera que es debido al por qué él es así.

$\mathscr{P}$uesto que Dios es amor, Sus planes personifican lo que es mejor para nosotros. Sus propósitos requieren de dos sexos que funcionen juntos en cooperación para lograr una visión mutua. Como consecuencia, los hombres y las mujeres tienen diseños complementarios que los capacitan para cumplir juntos el propósito de Dios.

Las funciones bíblicas de un esposo eficaz son:

- Adorar
- Trabajar
- Cultivar
- Proteger
- Enseñar

Cualquier varón que no ejecute estas funciones está fallando.

Esposos, para poder ser el proveedor que Dios lo creó que fuera, usted debe tener dos cosas—una visión y los medios para provisión.

"Donde no hay visión, el pueblo perece (NVI); más el que guarda la ley es bienaventurado" (Proverbios 29:18). Tener visión para la familia es tan importante que si usted no la tiene, no habrá disciplina. Esa visión lo mantiene vivo, centrado y en curso.

El propósito de un esposo es guiar, enseñar y permanecer en la presencia del Señor para que pueda saber hacia dónde se dirige su familia y hacia dónde deberían estar yendo.

$\mathcal{U}$n esposo sin un claro propósito y visión para su vida hace que la esposa se frustre. Su esposa es una ayuda, pero si usted no está haciendo nada, ¿cómo puede esperar que su esposa le ayude?

$\mathscr{C}$uando usted tiene dos visiones totalmente opuestas y separadas dentro de una casa, tiene una división que puede conducirlo al divorcio. Jesús dijo: *"Todo reino dividido contra sí mismo, quedará asolado, y toda ciudad o familia dividida contra sí misma, no se mantendrá en pie"* (Mateo 12:25, NVI).

$\mathcal{H}$ombres, ustedes nunca empezarán con la mujer que quieren; es por esa razón que son cultivadores. Su trabajo es cultivar a su esposa para que ella llegue a cumplir con la tarea para la cual Dios la creó. Ustedes necesitan nutrir todo el potencial que ella tiene.

¿Cómo se imagina a su esposa y cómo piensa que ella puede llegar a ser? Lo que usted visualice para ella, es lo que usted cultivará.

$\mathcal{D}$emasiados esposos se quejan de la clase de esposa que desearon haber tenido. ¿Usted quiere que ella luzca agradable? ¡Compre vestidos para ella! ¿Quiere que luzca un lindo corte de cabello? ¡Pague para que ella vaya al salón de belleza! ¿Quiere que ella esté en forma? ¡Vaya con ella al gimnasio!

Un esposo debe dejar a un lado sus deseos egocéntricos para así servir a su esposa y a su familia. Un verdadero hombre cuida de su familia antes que de él mismo.

"La mujer es la gloria del varón" (1 Corintios 11:7). La gloria de algo es su verdadera naturaleza o la mejor expresión de sí. El sol está en su gloria cuando brilla al medio día, y, los esposos están en su gloria cuando sus esposas lucen radiantes.

$\mathcal{L}$os esposos tienen la gran responsabilidad de reflejar la imagen de Dios, para que ésta pueda ser reflejada a sus esposas y a su vez las esposas puedan reflejar la imagen de Dios.

Varones, como cultivadores, están supuestos
a hacer que todo lo que toquen sea mejor
de como lo encontraron por primera vez.
Encuentren nuevas maneras para ayudar a que
sus esposas sean mejores.

$\mathscr{H}$ombres, ustedes fueron hechos para manejar cosas difíciles. No importa cuán difícil se torne, sepan que les fue dado lo correcto para manejarlo y para resolver cada problema. Dios los diseñó para salir de cada tormenta.

$\mathscr{M}$aridos, cuando llegue el momento para conducir a su familia a través de situaciones desafiantes, deténgase y diga: "¡Soy un vencedor! Nada puede vencerme". *"Os he escrito a vosotros, jóvenes, porque sois fuertes, y la palabra de Dios permanece en vosotros, y habéis vencido al maligno"* (1 Juan 2:14).

Su esposa siempre debe saber que no importa lo que pase, usted no se va a doblegar o tener miedo ante la dificultad porque usted tiene lo que necesita para salir adelante.

$\mathscr{A}$lguien puede decir: "Hermano, ¿está su esposa dándole problemas en casa? Vamos a tomarnos un trago". No, vaya a casa. Los hombres con propósitos entienden que cualquier cosa que perturbe sus mentes y disminuya el proceso de su pensamiento, es un enemigo tanto para ellos como para sus familias.

Cualquier hombre que llega a casa,
toma por el cuello a su esposa y le grita:
"Mujer, ¿todavía no me has hecho la comida?"
deberá esperar que su próxima comida
esté envenenada.

Hombres, si ustedes están golpeando a sus esposas e hijos, ¡DETÉNGANSE! Dios no les dio a ustedes la fuerza para abusar de los miembros de sus familias. Él les dio esa fuerza para protegerlos. Ellos deberían sentirse seguros, no tenerles miedo, cada vez que ustedes se presenten.

Hay muchos hombres que pueden hacer un lanzamiento triple en básquetbol; sin embargo, no pueden criar a sus hijos o mantener a una familia. No han aprendido como tomar ese mismo impulso y encausarlo apropiadamente por medio de la Palabra de Dios.

Porque de tal manera amó Dios al mundo, que ha dado a Su Hijo unigénito…" (Juan 3:16). Dios expuso la verdadera naturaleza del amor. Debido a que Él amó, Él dio. Usted no puede amar sin dar.

Varones y mujeres deben respetarse y amarse mutuamente. Jesús reforzó este principio cuando dijo que uno de los mandamientos más grandes era: *"Amarás a tu prójimo como a ti mismo"* (Mateo 19:19). Si realmente comprendiéramos esta verdad, habría más paciencia, entendimiento y perdón entre los hombres y las mujeres.

$\mathscr{N}$uestras relaciones familiares pueden ser restauradas en Cristo Jesús. Dios brindar Su poder que cambia la vida a matrimonios rotos, a familias dañadas, y, a individuos que necesitan reconciliación con Dios y una restauración de Sus propósitos para con ellos.

El amor es más fuerte que el orgullo.
Sea lo suficientemente valiente para derribar
las murallas que bloquean a su cónyuge
de su corazón.

¡Un perro no es el mejor amigo del hombre! Un perro no puede decirle las fallas o señalarle sus debilidades. Cuan cobarde es permitir que su mascota se convierta en el objeto de su afecto en lugar de su cónyuge.

Cuando Dios hizo a la mujer, Él la sacó del hombre para que el hombre tuviera alguien a quien amar que fuera de su misma naturaleza. Fue amor lo que le dio existencia a la mujer.

"*En todo caso, cada uno de ustedes ame también a su esposa como a sí mismo, y que la esposa respete a su esposo*" (Efesios 5:33, NVI). En ninguna parte de la Biblia dice que la esposa ame a su esposo, sino que le honre y le respete. No obstante, al esposo se le dijo que amara a su esposa. ¿Por qué? El Señor conoce nuestras más grandes necesidades.

$\mathcal{N}$ingún esposo debe intimidarse o sentirse inseguro cuando su esposa hace más dinero que él. Cuando la seguridad se une a la inseguridad, ocurren problemas porque ese hombre identifica su posición con las posesiones y no con el potencial que Dios ha puesto en él.

$\mathcal{U}$n hombre cuya esposa hace más dinero que él hace, pero está haciendo lo máximo por trabajar, y, ayuda a suplir las necesidades espirituales, financieras, emocionales e intelectuales de su esposa, es un buen proveedor.

$\mathcal{L}$os esposos deben siempre rendir cuentas y ser responsables. Los hombres verdaderos no juegan a buscar culpables— siempre señalando con el índice a todo mundo menos a ellos mismos.

«Por tanto, si traes tu ofrenda al altar, y allí te acuerdas de que tu hermano [o tu cónyuge] tiene algo contra ti, deja allí tu ofrenda delante del altar, y anda, reconcíliate primero con tu hermano [cónyuge] y entonces ven y presenta tu ofrenda» (Mateo 5:23–24).

Cuando algo anda mal en su matrimonio, está en usted corregirlo. No espere que la otra persona tome el primer paso.

Hombres, en lo que a Dios concierne, ustedes están listos para el matrimonio cuando sean capaces de enseñar a su familia Su Palabra. Si ustedes no conocen la Palabra, deben hacer prioridad en estudiarla y alcanzar el conocimiento de la Biblia. No pueden enseñar lo que no saben.

$\mathcal{M}$uchos cristianos aman el ocultarse detrás de Dios para no tener que tratar con la responsabilidad de enfrentarse cara a cara con las relaciones humanas. Jesús dijo que Él es el Camino, la Verdad y la Vida, pero nunca dijo que Él era la excusa para que usted evadiera su responsabilidad.

$\mathcal{L}$os tres propósitos dados por Dios a la mujer son el de realzar, de ser reflectora y de ser dadora de vida o "incubadora".

El ángel le dijo a las mujeres: "*¡Ha resucitado!*
No está aquí…Pero vayan a decirle a los discípulos…"
(Marcos 16:6–7, NVI). ¿Por qué Dios no les dio el
mensaje de la resurrección primero a los hombres?
Ellos olvidan demasiado y no tienen la capacidad
para incubar. Él le habló a las incubadoras que
podían llevar el mensaje sin parar de hablar jamás
de ello. ¡Aleluya!

$\mathcal{U}$na mujer está dotada con muchas habilidades creativas que pueden ayudar a sus seres queridos, a ella misma y al mundo. Ella es un completo departamento de investigación y desarrollo, todo en uno. Ella ve posibilidades y potenciales. Ella desarrolla ideas y programas. Ella imagina e inventa.

$\mathscr{S}$u esposa es una inherente incubadora—
multiplica todo lo que recibe.
Dele una sonrisa, y, ella le dará su corazón.
Dele su esperma, y, ella le dará un bebé.
Dele una casa, y, ella le dará un hogar.
Dele frustración, ¿y ella le dará...?

*E*sposos, presten atención: si ustedes toman una pequeña idea y la llevan a la mente de sus esposas, no sólo recibirán de vuelta esa idea— ¡ustedes recibirán todo un plan detallado!

Esposas, su habilidad de pensar, incubar y trazar planes, todo esto está supuesto a ayudar a sus esposos, pero ¿para qué están utilizando esas habilidades? Si está tratando de probarle a él que usted es tan buena como él, entonces no es su ayudante, usted es su competidora.

$\mathscr{S}$i su esposo no ora, no lo fastidie preguntándole: "¿Por qué nunca te levantas y oras?" Ore *por* él. *"Porque el marido incrédulo es santificado en la mujer, y la mujer incrédula en el marido"* (1 Corintios 7:14).

Cuando su esposo le sea sincero, anímelo.
No lo maltrate con discusiones y negatividad,
no importa cuán en lo correcto piensa que esté
usted. *"La blanda respuesta quita la ira; más la
palabra áspera hace subir el furor"*
(Proverbios 15:1).

¡Su cónyuge necesita escuchar palabras dulces que salgan de *usted*, no a la persona entreteniéndose en la despensa de agua! *"Panal de miel son los dichos suaves; suavidad al alma y medicina para los huesos"* (Proverbios 16:24).

"*Pues el que no sabe gobernar su propia casa, ¿cómo cuidará de la iglesia de Dios?*" (1 Timoteo 3:5). Muchas personas deambulan haciendo trabajos para la iglesia mientras que sus hogares son un desastre. Si usted quiere que su iglesia sea eficaz, primero ponga en orden su hogar.

"*Pues el que no ama a su hermano a quien ha visto, ¿cómo puede amar a Dios a quien no ha visto?*" (1 Juan 4:20). ¿Cómo cree que va a salvar al mundo si usted no hace nada para salvar su matrimonio?

Esposas, nunca se hagan tan "espirituales" como para permanecer fuera de casa todas las noches de la semana para asistir a las reuniones de oración. Aunque usted piense que está buscando el rostro del Señor, le está abriendo la puerta de su hogar al diablo. *"Ni deis lugar al diablo"* (Efesios 4:27).

Ser cristiano no le da licencia a usted para descuidar a su cónyuge. Su primer campo misionero debe ser su esposo o esposa. Algunas veces, la mejor manera que podemos amar a Dios es encontrando maneras de animar y ayudar a nuestras familias.

$\mathscr{A}$algunos hombres se les ha dicho cosas negativas de ellos mismos toda su vida, y, lo único que necesitan es una palabra de ánimo que salga de sus esposas. Una esposa puede ser una fuerza poderosa, para bien, en la vida de su esposo.

"*Y dijo Jehová Dios: No es bueno que el hombre esté solo; le haré ayuda idónea para él*" (Génesis 2:18). El primer propósito de la esposa es el de ser compañía para su esposo, para que él no esté solo.

Su esposa es como una flor que se adapta a la tierra. Usted es como la tierra. Si no le gusta lo que ella ha estado manifestando, entonces revise con qué la ha estado alimentado—con nutrientes o con veneno. *"No os engañéis; Dios no puede ser burlado: puesto todo lo que el hombre, eso también segará"* (Gálatas 6:7).

$\mathcal{D}$ios creó a su esposa para que actuara en amor, y, si usted no le está dando su amor, entonces está ocasionando que ella falle.

«La mujer es la gloria del hombre» (1 Corintios 11:7). Su esposa fue creada para ser la gloria de usted y demostrar como es usted. Cuando ella está feliz, eso es para su mérito. Si ella siempre está deprimida, retraída, triste, o refunfuñona, eso también me dice mucho acerca de usted. Ella sencillamente está manifestando la gloria del varón.

$\mathscr{D}$ios lo diseñó a usted para que cultivara a su esposa como un bello árbol. Si su árbol después de unos pocos años se marchita, entonces no es por culpa de ella. Si usted ha estado casado por cinco años o más y ella todavía no ha florecido, entonces hermano usted tiene un pobre historial.

Una mujer fue creada para incubar todo lo que reciba para reproducir según su género. Siembre amargura en ella y eso es lo que usted cosechará. Siembre amor en ella y usted cosechará un fruto que querrá almacenar.

"Maridos, amad a vuestras mujeres, y no seáis ásperos con ellas" (Colosenses 3:19). La Biblia ordena una y otra vez que el esposo ame a su esposa. ¿Por qué? Porque él es el dador, ella es la receptora, y cuando él le da amor, ella cobra vida.

$\mathscr{A}$unque su esposo no haya sido capaz de proveerle inmediatamente un castillo, debería aceptar todo lo que él provee para usted y darle vida a eso. Píntelo, agréguele color y póngale flores. Dios le bendijo con la habilidad de hacer de esa casa un hogar.

Si su esposo no sabe qué hacer o cómo hacerlo, usted necesita ayudarle. Ayúdele empujándolo para que se ponga en su posición, no retirándolo de él. Nunca castre a su hombre.

"*Le da ella bien y no mal todos los días de su vida*" (Proverbios 31:12). Esposas, deberían siempre preguntarse antes de actuar: "¿Esto le hará bien a él?" Una buena esposa ayudará a su marido para que se convierta en todo lo que él se supone debe ser.

$\mathcal{U}$na buena mujer no trata con desdén a un hombre porque no puede leer tan bien la Biblia como ella. Aún si él leyera despacio o pronuncia mal las palabras, ella no siente la insistencia de corregirlo, sino que mantiene intacta la dignidad de él. *"Abre su boca con sabiduría, y la ley de clemencia está en su lengua"* (Proverbios 31:26).

"Se levantan sus hijos y la llaman bienaventurada; y su marido también la alaba" (Proverbios 31:28). Esposo, usted siempre debe alabar a su esposa. Hable bien de ella y estímela en gran manera; destáquela con sus palabras, enorgullézcase de ella, aplaudirle las cosas pequeñas que ella hace, haciéndoselas más grandes que la vida.

Esposos, las palabras que ustedes les dicen a sus esposas las afectan emocionalmente. Esposas, las palabras que ustedes les dicen a sus esposos les proporcionarán a ellos información.

Su esposo no está buscando emociones.
Cuando usted quiera hablarle, debe decirle
primero lo que piensa, antes de que
le exprese lo que siente.

Con frecuencia, lo que su esposa está pensando es diferente a lo que ella está sintiendo y diciendo. Usted necesita ser paciente y abrirse paso en medio de las emociones de ella para descubrir lo que verdaderamente hay en su mente.

Claves para la Matrimonio

Muchos hombres tienen gran dificultad expresando sus emociones, especialmente cuando están heridos, deprimidos o tristes. Una esposa necesita crear un ambiente que le permita a su esposo estar lo suficientemente libre para decirle a ella lo que está sintiendo—no cultivar un ambiente tan negativo que él jamás querrá correr el riesgo de revelarse a sí mismo.

$\mathcal{M}$ujeres, recuerden que cuando su esposo está hablando, no le está diciendo lo que está sintiendo, él le está diciendo lo que está pensando. Por consiguiente, no saque conclusiones sin antes descubrir lo que él está sintiendo detrás de su pensamiento.

Conversar atentamente con su esposa llena una necesidad dentro de ella. Escúchela y muestre interés en lo que ella está diciendo.

$\mathscr{N}$unca piense que al cumplir un deseo, usted está satisfaciendo una necesidad. Un abrigo de visón puede ser algo que su esposa quiere, pero eso no satisface su necesidad. Ella necesita que usted le hable y le diga que ella es alguien muy importante, alguien especial, única y todo lo que usted jamás haya soñado.

Varones, cuiden de sus esposas. Cuidar significa que usted salirse de su comodidad para asegurarse que ella tiene todo lo que necesita. Cuidar significa que usted debe dejar todo lo que está haciendo para asegurarse que ella esté bien. Anticipe a su necesidad y satisfágala. Eso es amor.

"¡Que su amor te cautive todo el tiempo!" (Proverbios 5:19, NVI). Esposo, estar cautivado por el amor de su esposa es una decisión que usted debe tomar. Deje que el amor de su esposa lo hechice. Esposa, deléitese completamente en el amor de su esposo.

El varón, por virtud de su propósito, tiene capacidad de enseñanza. La peor cosa que se debe hacer a un maestro es hacerle creer que no sabe nada. Cuando usted comienza a hacer que el maestro se sienta como que no tiene nada que ofrecer, está amenazándole su verdadera naturaleza.

$\mathscr{L}$o mejor que usted puede hacer por un hombre es mantenerse diciéndole: "Cuéntame mas". Aun si eso pareciera una tontería, pregúntele de ello. Ínstelo a hablar y a compartir sus pensamientos escuchando lo que él está diciendo.

CLAVES para la MATRIMONIO

Usted no es de la manera que es porque está casado. Se casó de la manera que usted ya era.

Cualquier hombre que sale de su matrimonio para buscar la mujer que quiere es un infiel y un idiota. Perecerá porque le falta el conocimiento con que Dios lo creó para cultivar a su esposa y convertirla en todo lo que ella puede ser y en todo lo que él siempre haya deseado.

Nunca subestime el valor de ser el apoyo en las metas, las aspiraciones y los sueños mutuos. Estos proveen las alas para que su cónyuge se remonte a las alturas como el águila y que realmente lo logre todo.

Una de las cosas más ridículas y peligrosas de decirle a su esposo es: "¿Por qué no eres así, o así?" Todo hombre es su propio ser, y, tiene su propia imagen de sí mismo. Su trabajo, como esposa, es apoyarlo a *él*, no al clon que usted piensa que él debería ser.

Cuando le dice a su esposo que no necesita de él, usted está haciendo más que hiriendo sus sentimientos; está matando el propio núcleo de su naturaleza. Él fue diseñado para sostenerla y proveer para usted. Esa es la esencia de su hombría.

El esposo está diseñado para cumplir su propósito; su propósito determina su naturaleza, y, su naturaleza determina sus necesidades. Si usted quiere que su esposo funcione eficazmente, entonces descubra y aprenda a suplir sus necesidades.

No le de a su cónyuge lo que usted necesita. Ambos tienen necesidades totalmente opuestas y se frustraran al asumir que el otro debería estar satisfecho con lo que le satisface a usted.

$\mathcal{L}$os esposos y las esposas deben trabajar juntos para tratar con las necesidades de ambos. Es vital el gran principio de Jesús: *"Más bienaventurado es dar que recibir"* (Hechos 20:35). A medida que usted da y suple las necesidades del otro, usted será bendecido.

«Y cuando estén orando, si tienen algo contra alguien, perdónenlo para que también el Padre que está en el cielo les perdone a ustedes sus pecados» (Marcos11:25, NVI). Perdone y siga perdonando continuamente. La falta de perdón no sólo puede matar su matrimonio, sino que la fetidez de esa falta de perdón puede también arruinar su relación espiritual con Dios a tal punto que se pudre y muere.

No es asunto de cuán serio sea usted acerca de Dios, de cuánto hable en lenguas, o de cuántos pasajes bíblicos haya memorizado—la acogida de Dios a su adoración, ya sea en su ofrendar, alabar, administrar el reino de Dios u obrar ministrando dones, es condicional a su relación con otras personas, especialmente con su cónyuge.

$\mathcal{L}$lame a su esposa todos los días para asegurarse que todo está bien. Algunos hombres revisan el marcador de puntaje de los deportes o el porcentaje de la bolsa de valores más de lo que hablan con sus esposas. Tienen un espíritu correcto pero un objetivo equivocado.

Es penoso cuando los hombres se distancian constantemente de sus esposas e interpretan la ayuda de ellas y el deseo de comunicarse como desconfianza o entrometimiento. Tales hombres son ignorantes tanto del propósito de sus esposas, como de sus propias necesidades.

Si su esposa le pregunta: "¿A dónde vas? ¿Qué estás haciendo? ¿Por qué tardaste tanto tiempo?" Ella no está siendo entrometida. Ella es de la manera que es porque así es ella. ¿Qué podría ser tan secreto que su asistente no pueda ayudarlo con eso?

*S*i su esposa no puede ayudarlo, ella encontrará algo más que hacer. ¿Se ha preguntado alguna vez por qué las iglesias están llenas de tantas mujeres? Sus esposos no tienen visión para sus hogares; por tanto, las mujeres van a las iglesias y ayudan a los ministros a cumplir con sus visiones.

$\mathscr{M}$uchas mujeres están llenas de la amargura que sus esposos han estado vertiendo por años sobre ellas. A menos que sus esposos se arrepientan y las bañen con abundante amor para lavarles dicho veneno, cosecharán lo que han sembrado. *"Maridos, amad a vuestras mujeres, y no seáis ásperos con ellas"* (Colosenses 3:19).

¿En qué temporada del año está su esposa? Cuando el verano llega, el sol está alto y caliente al mediodía. Cuando llega el otoño, las cosas se han enfriado un poco. ¡Cuando es invierno, usted anda afuera en el frío! Pero de repente, llega la primavera y todo comienza a crecer de nuevo. Ahora, necesita entender que algunas veces puede que usted esté listo pero ¡es tiempo de invierno para su esposa!

¿Alguna vez ha pensado ene por qué un hombre pasa horas involucrado en un deporte? Él debe estar satisfaciendo alguna necesidad por medio de ello. En vez de luchar contra lo que él encuentra satisfactorio, usted [dama] debería entender por qué él se interesa en eso, y, si fuere posible, convertirse en parte de eso.

Esposas, bendigan a sus esposos involucrándose ustedes también en las actividades recreativas de ellos. Si a él le gusta jugar tenis, entonces aprenda a jugar tenis. Si a él le gusta correr, entonces corra algunas veces con él. Si a él le gusta el fútbol, aprenda como lanzar y coger la pelota. Juegue el juego de él y usted ganará su propio juego.

Cuando una mujer le pide a usted que la abrace, no le está pidiendo que la lleve a la cama, ella lo que quiere es cariño. Ahora, si usted la abraza lo suficiente, ¡puede que sea recompensado!

$\mathcal{M}$uchas mujeres hacen el sexo rápidamente porque el afecto no estaba involucrado. Sienten como si sus esposos las han usado como un pedazo de carne. Hombres, yo les digo: Que nunca se halle eso entre nosotros.

Hombres, pongan atención: Afecto y sexo no son la misma cosa. Si no está seguro de cómo ser afectuoso, pregúntele a su esposa. Usted quedará asombrado de las respuestas que ella le de.

"Así también los maridos deben amar a sus mujeres como a sus propios cuerpos. El que ama a su mujer, a sí mismo se ama. Porque nadie aborreció jamás a su propia carne, sino que la sustenta y la cuida, como también Cristo a la iglesia" (Efesios 5:28–29).

Hombres, ¿saben ustedes que con sólo el hecho de empujar pacientemente el carrito en el centro de compras es una señal de cariño? Ayudarla en la cocina es ser afectuoso. Dígale: "Cariño, yo corto las cebollas. Deja que mis ojos sean los que sientan el ardor"
¡Eso es afecto!

"*Pero yo os digo: Amad a vuestros enemigos, bendecid a los que os maldicen, haced bien a los que os aborrecen, y orad por los que os ultrajan y os persiguen*" (Mateo 5:44). Algunas veces, la única manera en que puede amar a su cónyuge, aún cuando él o ella parecieran enemigos, es eligiendo hacerlo.

$\mathcal{D}$ebemos seguir el ejemplo del amor de Cristo. Mientras todavía éramos pecadores, Él murió por nosotros. Él miró más allá nuestras faltas y vio nuestra necesidad.

El verdadero amor no es el tipo de amor del que usted habla. Es la clase de amor del que usted forma parte.

El amor responde, no reacciona. Cuando usted reacciona, dice cosas sin pensar. Para entonces, usted ha dicho algo doloroso e hirió a un espíritu, generalmente el que le pertenece a la persona que usted más ama. Respire profundo y cuente hasta diez.

Siempre que su amor esté basado en una razón específica, entonces el fundamento de su relación yace sobre una condición. Lea las letras pequeñitas: los términos y condiciones están sujetos a cambio.

$\mathcal{L}$a cara, el peso, el cuerpo, la actitud y las emociones de su cónyuge van a cambiar. Sin embargo, cuando usted ama a su cónyuge con el amor *ágape*—la clase de amor de Dios—su amor sigue siendo el mismo. Las condiciones cambian, pero el verdadero amor es incondicional.

$\mathcal{C}$uando asigna funciones dentro de su matrimonio, usted establece expectativas. Las expectativas provocan molestias innecesarias. El malestar provoca desacuerdos, los cuales conducen a frustraciones y discusiones. Las discusiones llevan a amarguras y conflictos, los cuales conducen a relaciones tensas. Una relación tensa pone en peligro el compañerismo....

Cuando el compañerismo está peligrando, esto hace peligrar su matrimonio. El amor verdadero no espera nada a cambio.

"Luego [Jesús] puso agua en un lebrillo, y comenzó a lavar los pies de los discípulos, y a enjugarlos con la toalla con que estaba ceñido" (Juan 13:5). Busque servir, no ser servido. Jesús no preguntó a quién le tocaba lavar pies. Él no siguió los patrones tradicionales, Él simplemente respondió a la necesidad.

No espere que una sola persona haga todo en la cocina, que lave o limpie. Si no espera que su cónyuge haga estas cosas, entonces cuando él o ella no las haga, ¿por qué va a estar enfadado? Cuando su cónyuge elija bendecirlo haciendo algo inesperado, usted estará más inclinado a estar agradecido y a ser apreciativo.

$\mathcal{U}$na función dentro del matrimonio debería ser una responsabilidad temporal basado en la habilidad del que es capaz de responder a la necesidad en un momento dado. La responsabilidad está determinada por la disponibilidad y la capacidad.

Si usted ve agua en el piso, no se quede allí pensando: "Bien, ese es trabajo de mi esposa. Ella es la que lampacea". No es así, usted lo vio, entonces responda a la necesidad. Si usted tiene la capacidad para responder, entonces es su responsabilidad hacerlo.

"*Me he hecho débil a los débiles, para ganar a los débiles; a todos me he hecho de todo, para que todos modos salve a algunos*" (1 Corintios 9:22). Volverse "*de todo*" debería ser el principio que rija su función en su matrimonio.

Cuando las cosas llegan a ser más importantes que Dios y más importantes que su cónyuge, el resultado siempre será problemas dentro del hogar.

Sabemos que el sexo es una acción temporal y que está sujeto a cambios constantes. En vista de que siempre está cambiando, usted no puede confiar en eso. Si usted no puede poner su confianza en eso, sabe que está en problemas cuando trata de construir su relación sobre eso.

El sexo no produce compromiso. Si usted no me lo cree, pregúnteselo a una prostituta. El sexo es el resultado del compromiso en el matrimonio. Si solamente su relación sexual no establece su matrimonio, entonces tampoco puede romperlo.

Cuando usted le dice algo a su cónyuge, debe recordar que su cónyuge puede oír la interpretación de lo que usted diga basado en la historia personal de él o ella, y, esto puede ser un poco diferente a lo que usted realmente quiso decir.

"*Sea bendito tu manantial, y alégrate con la mujer de tu juventud*" (Proverbios 5:18). Este versículo no está diciendo que debe disfrutar a su esposa mientras ella esté joven y después ir en busca de otra. Se supone que su esposa va a ser mucho mejor y más dulce para usted mientras envejecen juntos. Envejezcan juntos primorosamente.

"*Como cierva amada y graciosa gacela. Sus caricias te satisfagan en todo tiempo, y en su amor recréate siempre*" (Proverbios 5:19). ¿Los senos de su esposa deberían satisfacerlo por cuánto tiempo? *"En todo tiempo"*. Eso significa que en ningún momento el pecho de alguien más deben satisfacerlo a usted.

Varones, para poder aprender cómo amar a sus esposas, primero tienen que saber cómo Cristo amó Su iglesia, por medio del estudio de Su principal manual del amor, la Biblia.

$\mathcal{D}$ios no compara su matrimonio con el de su hermano, hermana, padres o amigos. Él compara Su matrimonio con Cristo y Su iglesia. Esa es la norma.

Maridos, el más grande testimonio que ustedes pueden dar para Cristo es amar a su esposa como Él amó a la iglesia. Necesitamos verdaderos hombres en nuestras comunidades—hombres de la Palabra que sepan cual es el verdadero amor.

Su esposa quiere oír: "Te amo. Eres bella. Eres tan preciosa para mí". Su esposo no necesita oír nada; sólo sóbele la cabeza y tóquele su cuello cuando esté manejando, y, él se sentirá en la gloria. Así es que, háblele a su esposa, o déle a su esposo afecto físico.

"Pero la casada tiene cuidado... de cómo agradar a su marido" (1 Corintios 7:34). Esposas, ustedes no tienen que esperar a que el esposo inicie las relaciones sexuales.

Su esposa no renunció a sus sueños y aspiraciones cuando se casó con usted. Ella tiene necesidades básicas y deseos para sentirse exitosa y personalmente satisfecha en su vida, al igual que usted. Busque cuáles son los sueños de ella y séale de apoyo en sus metas.

$\mathcal{D}$ebe aceptar el hecho de que la persona con quien se casó no es exactamente como usted. Con todo, cuando las diferencias entre usted y su cónyuge se unan, éstas formaran la gema preciosa que su matrimonio siempre debió ser.

"*Maridos, amad a vuestras mujeres, así como Cristo amó a la iglesia, y se entregó a sí mismo por ella…a fin de presentársela a sí mismo, una iglesia gloriosa, que no tuviese mancha ni arruga*" (Efesios 5:25–27).

Hombres, al final de cada día, vayan ante Dios y digan: "Presento mi esposa ante Ti. ¿Cómo lo hice hoy removiendo las 'manchas y arrugas'? ¿Cómo podría hacerlo mejor?" Ese es su trabajo y prioridad como esposo, todos los días de su vida.

Su anillo de bodas representa ante todo el mundo que no importa a donde usted vaya, usted le pertenece y se ha comprometido con otra persona, y, que no anda buscando a nadie más. Nunca salga de su hogar sin llevarlo puesto.

Hay cosas que su esposo puede hacer y usted no, hay cosas que su esposa puede hacer y usted no. No deberían tratar de competir el uno contra el otro, sino complementarse el uno al otro. No compitan—compleméntense.

"De igual manera, ustedes esposos, sean comprensivos en su vida conyugal, tratando cada uno a su esposa con respeto, ya que como mujer es mas delicada, y ambos son herederos del grato don de la vida. Así nada estorbará las oraciones de ustedes" (1 Pedro 3:7, NVI).

*H*ay algunas cosas en la vida que nadie puede permitir, que sus oraciones sean obstaculizadas es una de ellas. Sea amable, cuidadoso, compasivo, sensible y atento con las necesidades de su esposa. Dios es más importante que su esposa; sin embargo, ¡Él diseñó que sus oraciones fueran oídas de acuerdo a su relación con ella! Ame a su esposa—proteja sus oraciones.

El hombre es el fundamento de la familia humana. Si el hombre deja el hogar o si es negligente en su responsabilidad, entonces tiene una casa construida en la arena. Las vigas se mueven cuando las presiones llegan porque el hombre no está ahí.

Claves para la Matrimonio

$\mathscr{M}$uchos hombres necesitan vivir como el fundamento que fueron creados para establecer. Mantenga firme el hogar para que su esposa e hijos siempre se apoyen en usted y sepan que usted no va a agrietarse.

El fundamento de un edificio es importante, pero no es más importante que las otras partes de la estructura. El fundamento no realiza todas las funciones en sí; por ejemplo, solamente el techo puede mantenerlo seco. Es lo mismo con la familia humana. El fundamento es crucial, pero el resto de la familia es esencial también.

$\mathcal{U}$na persona egoísta quiere toda la gloria, todo el crédito, todo el reconocimiento, toda la atención, todo el poder, toda la autoridad, todos los derechos y todos los privilegios. Pero un hombre persona amoroso quiere compartir con los demás lo que él tiene.

"La mujer virtuosa es corona de su marido" (Proverbios 12:4). La corona de un rey es su gloria. Mucha gente cree que una buena esposa es sólo la reina para su rey (su marido), pero él solamente es rey porque ella es la corona de su gloria.

"Tus labios, novia mía, destilan miel; leche y miel escondes bajo la lengua, cual fragancia del Líbano es la fragancia de tus vestidos" (Cantares 4:11). Su esposa tiene hambre de la dulzura de sus palabras. Cuéntele lo que usted piensa—ella lo necesita.

Es a través de la adoración y la comunión con Dios que un hombre recibe la visión, la vocación y el trabajo para su vida. Algunos hombres han olvidado que la adoración tiene precedencia sobre el trabajo. Cuando su trabajo interfiere con su adoración, usted deja de cumplir el propósito de un hombre verdadero.

Cualquier hombre que quisiera impedir el progreso de su esposa sólo para probar su superioridad, tiene complejo de inferioridad. Un hombre que sabe quien es él no necesita probarse a sí mismo. Comprende que su esposa tiene su propia auto-estima, por lo que la anima a que desarrolle su potencial al máximo.

Esposas, ¿Saben cuántos hombres están donde están hoy, porque su ayuda idónea se aseguró de que llegaran hasta allí? Si el hombre no está completo, su esposa puede ayudarlo a que lo sea.

El secreto para permanecer enamorados está en mantenerse buscando cosas en su cónyuge para enamorarse una y otra vez.

«Y en su amor recréate siempre» (Proverbios 5:19). La responsabilidad para permanecer embelesado o encantado no está en su cónyuge, aunque él o ella juegan gran parte en este juego. La responsabilidad es solamente suya.

"Haya, pues, en vosotros este mismo sentir que hubo también en Cristo Jesús" (Filipenses 2:5). Si ambos, esposo y esposa tienen la misma actitud que Jesucristo, entonces su relación está basada en dar desinteresadamente, en sacrificio, en servicio y en perdón.

Cuando el esposo y la esposa comprenden
y valoran los propósitos mutuos, ellos pueden
tener una relación provechosa, y, pueden
mezclar armoniosamente sus diseños originales
para la gloria de Dios.

La Biblia nos equipa para que seamos los esposos y las esposas como tal fuimos diseñados. Sea una persona de la Palabra mientras continúa buscando y cumpliendo con los propósitos de Dios para su matrimonio.

Acerca del Autor

El Dr. Myles Munroe es un ponente motivador internacional, autor de libros de mayor venta, educador, mentor de líderes, y, asesor de negocios y del gobierno. Viajando extensamente alrededor del mundo, el Dr. Munroe trata temas críticos que afectan todo el desarrollo humano, social y espiritual. El tema central de su mensaje es la transformación de seguidores a líderes y la maximización del potencial.

Fundador y presidente de Bahamas Faith Ministries International (Ministerio Internacional de Fe de las Bahamas), una organización multidimensional con sede en Nassau, Bahamas, el Dr. Munroe es también el fundador y productor ejecutivo de varios programas radiales y televisivos que son transmitidos mundialmente. Él obtuvo una licenciatura de la Oral Roberts University, una maestría de la University of Tulsa, y, le han sido otorgados varios doctorados honoríficos.

El Dr. Munroe y su esposa, Ruth, viajan como un equipo y participan enseñando seminarios. Ambos son líderes que ministran con corazones sensibles y una visión internacional. Son padres orgullosos de dos graduados universitarios, Charisa y Chairo (Myles, hijo).

THE ISLANDS OF THE bahamas

Para información acerca del
Turismo Religioso
escriba a: ljohnson@bahamas.com
1.800.224.3681

www.worship.bahamas.com

Estas citas de inspiración sobre el liderazgo, la soltería, el matrimonio, y, la oración, del Dr. Myles Munroe, autor de libros de mayor venta, pueden ser aplicadas a su vida de forma práctica y poderosa.

Claves para el Liderazgo: ISBN: 978-1-60374-061-6 • rústica • 160 páginas
Claves para el Matrimonio: ISBN: 978-1-60374-063-0 • rústica • 160 páginas
Claves para la Oración: ISBN: 978-1-60374-064-7 • rústica • 160 páginas
Claves para la Soltería: ISBN: 978-1-60374-062-3 • rústica • 160 páginas

WHITAKER
HOUSE
www.whitakerhouse.com